恰同学少年风华正茂

数风流人物还看今朝

陪孩子读毛泽东诗词
扫码听独家音频

恰同学少年

陪孩子读毛泽东诗词

李洪峰〇编著

中国少年儿童新闻出版总社
中国少年兒童出版社
北　京

大潮起东方　看我少年强

——陪孩子读毛泽东诗词

李洪峰

在世界正处于百年未有之大变局和中华民族伟大复兴的关键时期，在我国开启全面建设社会主义现代化国家新征程的历史时刻，我们郑重地向广大青少年献上这本《恰同学少年——陪孩子读毛泽东诗词》，感到由衷的欣慰。

毛泽东是中国共产党、中国人民解放军、中华人民共和国的主要缔造者，中国各族人民的伟大领袖，伟大的马克思主义者，伟大的无产阶级革命家、战略家、理论家，是近代以来中国伟大的爱国者和民族英雄，是领导中国人民彻底改变自己命运和国家面貌的一代伟人，也是伟大的文化巨人，伟大的诗人、书法家。

毛泽东诗词是中华文化的瑰宝，是20世纪诗词史上的高峰，是中国共产党、中国革命和中国迈向社会主义的伟大史诗。可以毫不夸张地说，毛泽东的伟大风范感动了几代中国人，毛泽东的光辉著作培育了几代中国人，毛泽东的诗词书法鼓舞了几代中国人。敬爱的周总理生前有一个习惯，就是散步时吟诵毛泽东诗词。

关于毛泽东诗词，我国老一辈诗人有许多精当的评论。

郭沫若说，他自己是特别喜欢诗词的人，而且是有点儿目空一切的。但是毛泽东同志所发表的诗词却使得他五体投地。他评论毛泽东诗词:“经纶外,诗词余事,泰山北斗。”

柳亚子赞美毛泽东诗词:“推翻历史三千载,自铸雄奇瑰丽词。”

臧克家说,革命家和诗人,在毛泽东同志身上是统一的。他一生与诗结下了不解之缘。虽日理万机,而胸中始终有个诗字在。

冰心说,毛泽东的诗词是他在革命斗争时期和社会主义建设时期,随时随地的思想感情,采用古典诗词的文字形式的自然倾吐。它们像爆发的火山一样,红光冲天;像奔流的巨瀑一样,浪花飞溅。

贺敬之说,毛泽东诗词以其前无古人的崇高优美的革命情操,遒劲伟美的创造力量,超迈奇美的艺术想象,高华精美的韵调辞采,形成了中国悠久的诗史上风格绝殊的新形态的诗美。这种瑰奇的诗美,熔铸了毛泽东的思想和实践、人格和个性。在漫长的岁月里,可以毫不夸张地说,几乎是风靡了整个革命的诗坛,吸引并熏陶了几代中国人,而且传诵到了国外。

我写过两句联语:“史坛千秋两司马,词苑万古一毛公。”“两司马”是指伟大的史学家司马迁和司马光;“一毛公”就是指伟大诗人毛泽东。

毛泽东酷爱读书,尤其喜爱中国历史和古诗词,二十四史和《资治通鉴》,他都读过多遍。据不完全统计,他圈点、批注过的历代古诗词有1590首之多。他有极深厚的历史文化修养和古诗词修养。雄视千古、大气磅礴、独步天下的毛泽东诗词,造成了近现代中国诗词史上的千秋气象、万古风流。毛泽东诗词的美,是处于美的最高层次的崇高美。毛泽东写诗和读诗,都偏于豪放,不废婉约。他写的不多的几首婉约词,也充满豪放之美。伟大超越时空。毛泽东是过去的、现在的,也是未来的;是中国的,也是世界的。毛泽东诗词，是青春之诗、未来之诗，是永恒之诗，是东风压倒西风的灿烂华章，是中华民族站起来、富起来、强起来的光辉记录！

毛泽东一生喜欢挑战，一生充满激情。他有终生不变的山水情结和人民情怀。他喜欢祖国的大山大水，一生几乎没有离开过山。他的诗词也大部分写到山。《十六字令》是词牌中的小品，但丝毫不能束缚毛泽东的如椽巨笔。他的《十六字令三首》，只用48个字，就写尽了山的高大雄伟、山的陡峭险峻、山的磅礴起伏。毛泽东喜欢游泳，从1956年到1966年十年间，他曾18次横渡长江。1957年11月17日晚，毛泽东在莫斯科大学大礼堂接见中国留学生。毛泽东问台下："有没有湖北人？"台下回答："有。"毛泽东说："我游过你们的长江。"他又问："有没有湖南人？"台下回答说："有。"毛泽东说："我游过你们的湘江。"毛泽东又问："有没有广东人？"台下回答说："有。"毛泽东说："我游过你们的珠江。"台下顿时掌声雷动，欢呼声此起彼伏。人民在毛泽东心中始终处于最高位置。有外国元首曾问毛泽东有什么特长，毛泽东回答说："为人民服务。"他在诗词中深情赞美人民："红军不怕远征难，万水千山只等闲。""为有牺牲多壮志，敢教日月换新天。""独有英雄驱虎豹，更无豪杰怕熊罴。""金猴奋起千钧棒，玉宇澄清万里埃。""春风杨柳万千条，六亿神州尽舜尧。""喜看稻菽千重浪，遍地英雄下夕烟。"

毛泽东关心青年，对青年一代寄予无限希望。他说："世界是你们的，也是我们的，但是归根结底是你们的。你们青年人朝气蓬勃，正在兴旺时期，好像早晨八、九点钟的太阳。希望寄托在你们身上。"毛泽东喜欢儿童，他为少年儿童题词："好好学习，天天向上。"

我在《伟大是怎样炼成的》一书中，曾经写过这样的话："一个党，一个国家，一个民族，最好的学习，是向自己的经历学习，是向自己的伟大人物学习。”历史塑造未来，初心激励使命，学习改变命运，榜样力量无穷。这也是我倡导当代广大青少年学习毛泽东诗词的根本目的之所在。

学习毛泽东诗词，不仅可以获得高雅的艺术享受，充分领略毛泽东的诗人风采，而且可以形象地了解中国共产党是怎样走过来的，中国革命是怎样走过来的，中华人民共和国是怎样走过来的，从而学习老一辈革命家和革命先辈的坚定信念、崇高精神、高尚品德和伟大风范，树立远大理想，砥砺革命意志，陶冶精神情操，培养优良素质，做党的光荣传统和优良作风的忠实传人。

这本书收录毛泽东生前亲自审订并公开发表过的四十二首诗词。诗词解说在广泛研究和认真吸收已有研究成果的基础上，力求做到史实确凿，内容准确，语言流畅。

毛泽东写过两首《沁园春》。《沁园春·长沙》赞美青春，其中有这样的话：恰同学少年，风华正茂；《沁园春·雪》展望未来，其中有这样的话：数风流人物，还看今朝。我把这两句话合起来，赠给青少年朋友们：恰同学少年风华正茂，数风流人物还看今朝。

青少年朋友们，紧密团结在中国共产党周围，坚定不移跟着党成长前进，你们就是伟大祖国的诗与远方。

中华民族站起来、富起来、强起来是不可动摇的伟大历史进程，也是不可阻挡的伟大历史潮流，这是中国的大潮，这是时代的大潮！

大潮起东方，看我少年强！

时代风雷激荡，正好乘风破浪。

我们对伟大祖国的未来充满信心。

二〇二一年六月一日

目录

贺新郎·别友

一九二三年

挥手从兹去。

更那堪凄然相向，苦情重诉。

眼角眉梢都似恨，热泪欲零还住。

知误会前番书语。

过眼滔滔云共雾，算人间知己吾和汝。

人有病，天知否？

今朝霜重东门路。

照横塘半天残月，凄清如许。

汽笛一声肠已断，从此天涯孤旅。

凭割断愁丝恨缕。

要似昆仑崩绝壁，又恰像台风扫寰(huán)宇。

重比翼，和云翥(zhù)。

［从兹］从此。　［零］落下。

［云共雾］比喻误会。　［翥］鸟飞。

词说

毛泽东为夫人杨开慧写过三首词，《贺新郎·别友》写离别，《虞美人·枕上》写思念，《蝶恋花·答李淑一》讴歌了他们为时代风雷所净化的革命爱情，也表现了这位伟大革命家的情感生活和家国情怀。

这首词是毛泽东婚后第一次与妻子杨开慧分别时所作。感情真挚，境界高远，从婉约入，于豪放收，寓豪放于婉约之中，笔触细致而粗犷，描绘了夫妻战友依依惜别的动人场景，极富画面感。送别东门路，月残霜重，倍觉凄清；临别长沙站，泪眼相向，忧心如焚；挥手告别，激情奔涌，斗志昂扬。写了革命的气势磅礴和不可阻挡，写了夫妻献身革命、比翼齐飞的博大襟怀和豪情壮志。

沁园春·长沙

一九二五年

独立寒秋，湘江北去，橘子洲头。

看万山红遍，层林尽染；

gě

漫江碧透，百舸争流。

鹰击长空，鱼翔浅底，万类霜天竞自由。

怅寥廓，问苍茫大地，谁主沉浮？

携来百侣曾游。忆往昔峥嵘岁月稠。

恰同学少年，风华正茂；

qiú

书生意气，挥斥方遒。

指点江山，激扬文字，粪土当年万户侯。

è

曾记否，到中流击水，浪遏飞舟？

［舸］泛指船只。　［霜天］指秋天。　［寥廓］广阔的宇宙。

［挥斥方遒］挥斥，奔放。遒，强劲。这里指热情奔放，热劲正足。

［击水］指游泳。　［遏］阻止。

词说

毛泽东平生写了两首《沁园春》：《沁园春·长沙》是早年写长沙秋景，《沁园春·雪》是中年写北方雪景。前一首提出了“怅寥廓，问苍茫大地，谁主沉浮”的历史性追问；后一首则做了“俱往矣，数风流人物，还看今朝”的时代性回答。

这首词作于1925年秋天。这年春节过后，毛泽东回韶山养病。住到8月，来到长沙，漫步橘子洲头，作了这首词。毛泽东于1914年到1918年，在湖南第一师范读书，常和同学在橘子洲一带游览或在湘江游泳。在湖南第一师范就读期间及毕业后数年，他在长沙组织了湖南学生联合会、新民学会，开办了平民夜校、文化书社和湖南自修大学，参加了反对袁世凯称帝、驱逐张敬尧等反动军阀的斗争，立定了改造中国与世界的宏大抱负。特别是创办《湘江评论》，成立马克思主义研究会，为1921年中国共产党的成立，在湖南地区做了思想上和组织上的准备。

这首词，毛泽东满怀激情地再现了万山红遍的壮丽秋景，风华正茂的峥嵘岁月，中流击水的凌云壮志。今天读来，仍然可以从中得到祖国壮丽河山的艺术享受，可以从诗人昂扬炽烈的革命情怀中，汲取奋发进取的精神力量。

菩萨蛮·黄鹤楼

一九二七年春

茫茫九派流中国，沉沉一线穿南北。
烟雨莽苍苍，龟蛇锁大江。

黄鹤知何去？剩有游人处。
把酒酹(lèi)滔滔，心潮逐浪高！

[九派]泛指长江及长江水系。　[一线]南北铁路线。　[大江]长江。
[酹]古代用酒浇在地上祭奠神灵或对自然界事物设誓的一种习俗。

词说

这是一首小令。当时，以蒋介石为首的国民党反动派正在篡夺北伐战争的胜利果实，革命危机四伏。以陈独秀为代表的右倾机会主义者仍在一味退让，对工农运动严加限制。1927年3月10日至17日，国民党二届三中全会在汉口召开，共产党人和国民党左派联合，通过了限制蒋介石个人独裁的一系列决议。但在以陈独秀为代表的右倾机会主义错误影响下，会议继续让蒋介石担任国民革命军总司令，使他名正言顺地调集嫡系部队在沪宁一带，策划四一二反革命政变。

在大革命失败前夕，毛泽东来到黄鹤楼，面对浩荡长江横亘东西，京广铁路纵贯南北，举目远眺，心潮澎湃。他以豪迈的气度写了这首词，表达了对革命前途的忧虑和必胜信念。

井岡山

西江月·井冈山

一九二八年秋

山下旌（jīng）旗在望，山头鼓角相闻。
敌军围困万千重（chóng），我自岿（kuī）然不动。

早已森严壁垒，更加众志成城。
黄洋界上炮声隆，报道敌军宵遁（dùn）。

[井冈山]位于江西、湖南两省交界。1927年10月，毛泽东率领秋收起义部队进军井冈山，建立了中国第一个农村革命根据地。

[鼓角]军鼓和号角。　[岿然]屹立，耸立。　[宵遁]乘夜逃跑。

词说

1928年7月初，朱德和毛泽东分别率红四军主力下山袭敌，山上守军不足一营。敌人以四个团的兵力，对井冈山进行“会剿”。红军凭借黄洋界的有利地势，发动群众，英勇抵抗，并搬来仅有的一门迫击炮向敌人轰击。当时只有三发炮弹，不料前两发炮弹因受潮没有打响，所幸最后一发炮弹在敌指挥所炸开。敌人以为红军主力已经回山，连夜撤走。9月8日，朱德和毛泽东率红四军主力回山。听说黄洋界保卫战取得了胜利，毛泽东兴奋异常，诗情涌动，挥笔写下了这一场他并未亲自参加的战斗。全词举重若轻，轻松乐观，表达了“撼山易撼红军难”、气吞强敌的战略自信。

清平乐·蒋桂战争

一九二九年秋

风云突变，军阀重开战。
洒向人间都是怨，一枕黄粱再现。

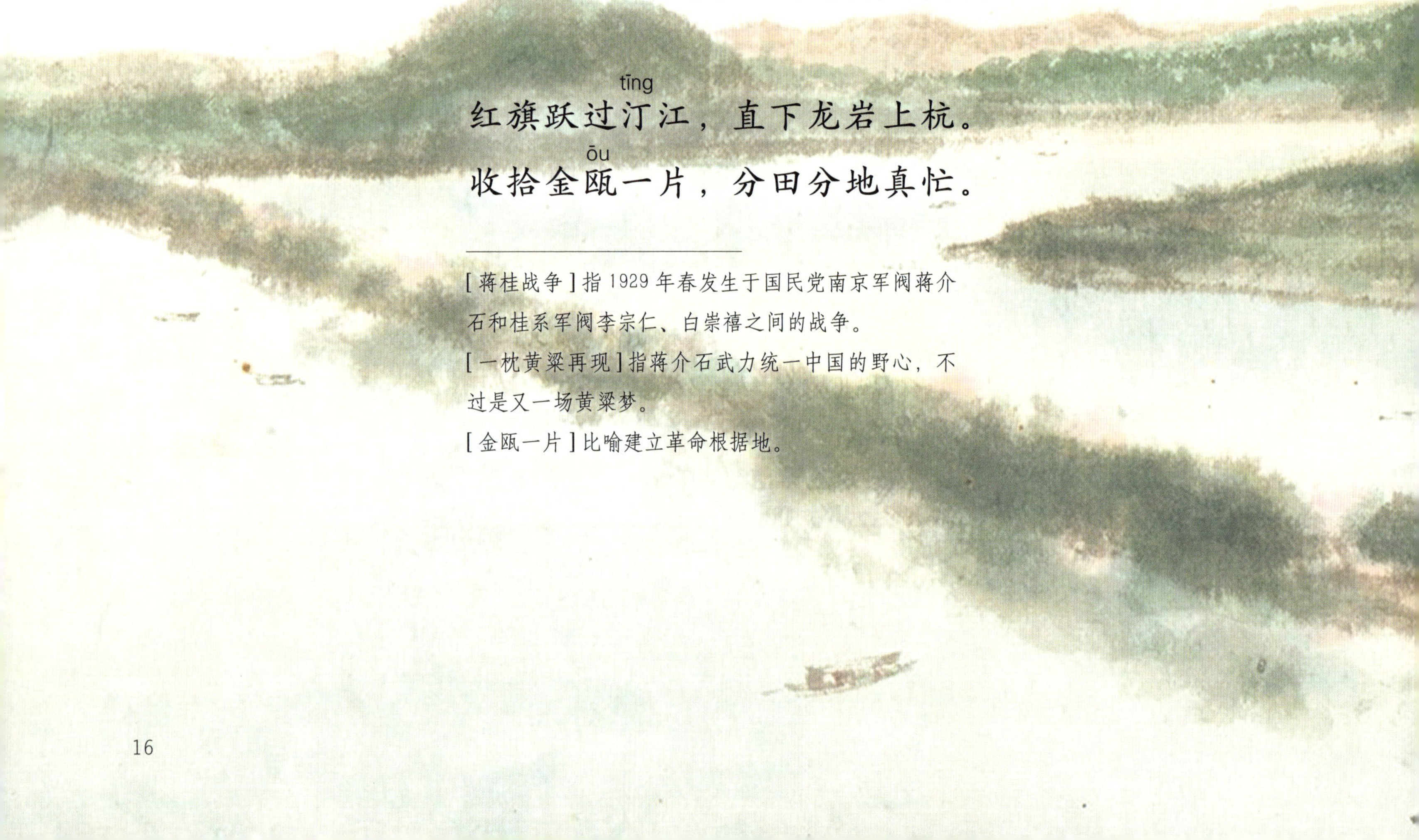

红旗跃过汀(tīng)江，直下龙岩上杭。
收拾金瓯(ōu)一片，分田分地真忙。

[蒋桂战争]指1929年春发生于国民党南京军阀蒋介石和桂系军阀李宗仁、白崇禧之间的战争。

[一枕黄粱再现]指蒋介石武力统一中国的野心，不过是又一场黄粱梦。

[金瓯一片]比喻建立革命根据地。

词说

1928年10月毛泽东同志在《中国的红色政权为什么能够存在？》一文中曾经指出："国民党新军阀蒋桂冯阎四派，在北京天津没有打下以前，有一个对张作霖的临时的团结。北京天津打下以后，这个团结立即解散，变为四派内部激烈斗争的局面。蒋桂两派且在酝酿战争中。"1929年3月至4月，蒋桂两派果然爆发了战争，同年秋又发生了蒋冯（玉祥）战争，所以词中称为"风云突变"。1929年的军阀战争给红军和红色根据地的发展创造了一个有利条件。1929年3月，红四军由江西进入福建西部，占领长汀，5月至6月三次占领长汀东南的龙岩，9月打下了上杭。这首词作于红军攻占上杭之后，当时闽西革命根据地正在开展"分田分地"的土地革命。

这首词生动再现了半殖民地半封建社会中国军阀混战的时代画面，歌颂了党领导人民创建革命根据地的伟大斗争，表现出高度的革命乐观主义精神和敢于斗争、敢于胜利的英雄气概。全词用语凝重而准确，字字珠玑，言简意赅，生动传神。毛泽东用46个字的小令，写下了如此纷繁复杂的历史事件，鞭黑暗讴光明于一章，融古典与现代于一体，反映了毛泽东高超的艺术概括能力。

采桑子·重阳

一九二九年十月

人生易老天难老，岁岁重阳。
今又重阳，战地黄花分外香。

一年一度秋风劲，不似春光。
胜似春光，寥廓江天万里霜。

词说

毛泽东写这首词时，已经离开红四军领导岗位，在闽西养病，兼做地方工作。这是因为在建军以及建立根据地等重大原则问题上，红四军内部的认识一时难以统一。部队向赣南、闽西挺进时，这些问题便充分暴露出来。毛泽东在龙岩召开红四军第七次党代表大会，想解决这些问题。但在会上，发生严重意见分歧，毛泽东未能当选前敌委员会书记。他离开红四军领导岗位后，深入上杭、永定的农村基层，领导地方的土地革命斗争。这年10月11日重阳节，毛泽东来到上杭县，面对闽西山区竞相开放的野菊花吟成了这首词。

毛泽东这段特殊的人生经历同他长期的奋斗历程所深蕴的革命人生哲理在这首词中得到了生动的艺术表现。这首词语言朴素自然，音节回旋跌宕，气势雄伟壮阔，意境宏远瑰丽。

寥廓江天萬里霜

如梦令·元旦

一九三〇年一月

宁化、清流、归化，
路隘（ài）林深苔滑。
今日向何方，
直指武夷山下。
山下山下，
风展红旗如画。

[元旦]1929年毛泽东和朱德率领红四军在福建省建立闽西革命根据地以后，12月底在上杭县古田村召开了在红军发展史上有重大意义的中国共产党红军第四军党的第九次代表大会。

[隘]狭窄。

词说

1929年12月底，在上杭县古田村召开红四军党的第九次代表大会，通过了毛泽东主持起草的“古田会议决议”。《如梦令·元旦》和作于此前的《采桑子·重阳》，及作于其后的《减字木兰花·广昌路上》《蝶恋花·从汀州向长沙》等作品，是表现以古田会议为标志的这一革命历史阶段的一组史诗。这首词借鉴古典诗词的表现手法，并加以创新，自铸伟词，音韵铿锵，旋律轻捷，词调高亢。毛泽东高瞻远瞩的广阔胸怀和胜利进军的喜悦心情溢于言表。

减字木兰花·广昌路上

一九三〇年二月

漫天皆白，雪里行军情更迫。
头上高山，风卷红旗过大关。

此行何去？赣(gàn)江风雪迷漫处。
命令昨颁，十万工农下吉安。

[广昌]县名，在江西省东部。

词说

毛泽东喜爱雪。一首《沁园春·雪》是毛泽东咏雪词的巅峰之作，也是中国近现代诗词史上的巅峰之作。而这首描写雪里行军的小令，虽然只有44个字，却写出了红军顶风冒雪，翻过一道道崇山峻岭、渡过一座座雄关险隘，威武壮丽的雪里行军图。

红色，是中国革命的象征，是中国的底色，也是毛泽东诗词的底色。毛泽东一生伴随着红旗南征北战，出生入死，对红旗有着极深厚的感情。“头上高山，风卷红旗过大关。”成为全词的点睛之笔，极具象征意义。联想毛泽东在《星星之火，可以燎原》一篇文章中的伟大预言，可以更深切地体会这一点。

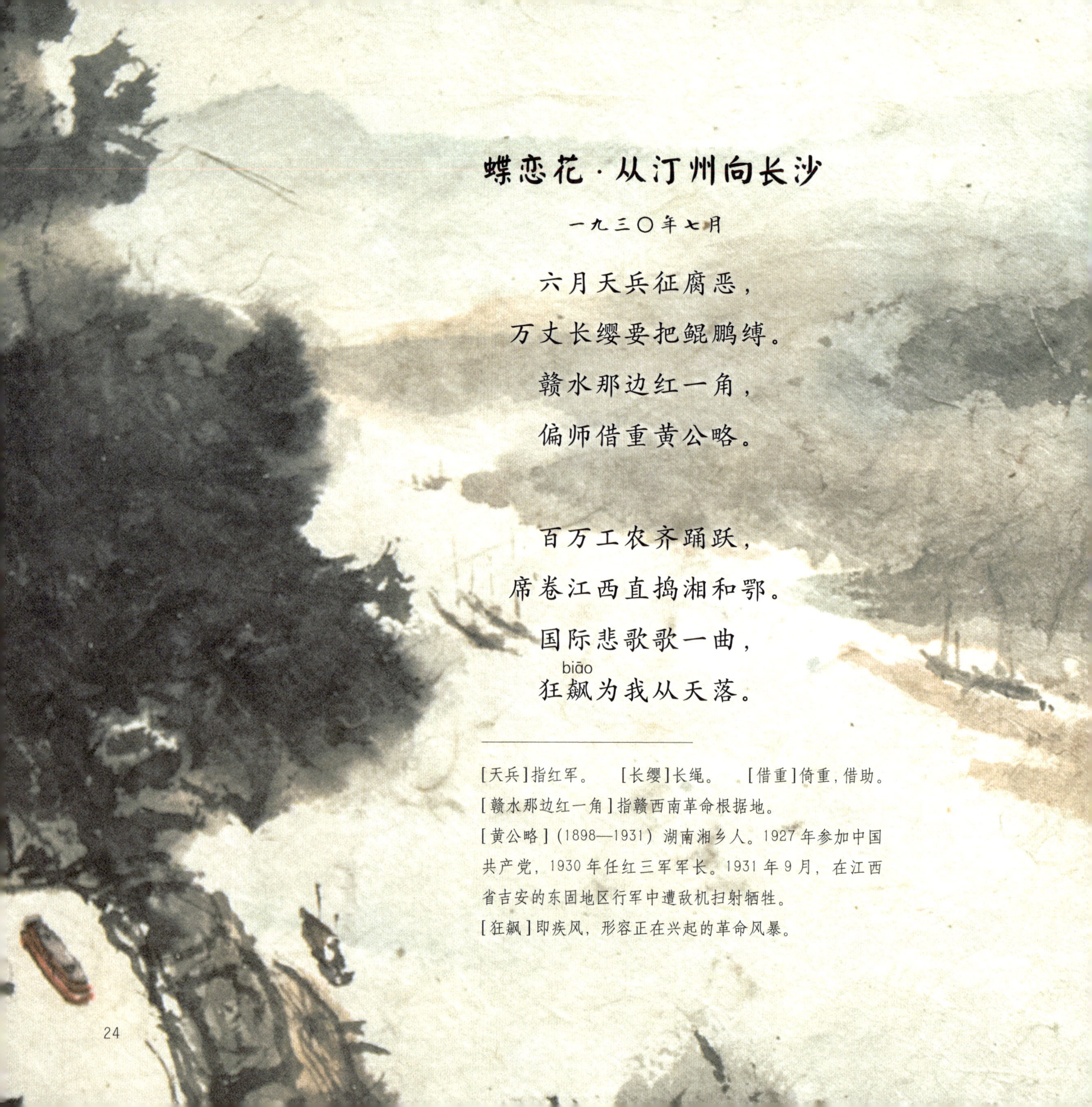

蝶恋花·从汀州向长沙

一九三〇年七月

六月天兵征腐恶，
万丈长缨要把鲲鹏缚。
赣水那边红一角，
偏师借重黄公略。

百万工农齐踊跃，
席卷江西直捣湘和鄂。
国际悲歌歌一曲，
biāo
狂飙为我从天落。

[天兵]指红军。　[长缨]长绳。　[借重]倚重，借助。

[赣水那边红一角]指赣西南革命根据地。

[黄公略]（1898—1931）湖南湘乡人。1927年参加中国共产党，1930年任红三军军长。1931年9月，在江西省吉安的东固地区行军中遭敌机扫射牺牲。

[狂飙]即疾风，形容正在兴起的革命风暴。

词说

这是一首记录中国革命峥嵘岁月的光辉史诗，又是一首气薄云天的豪放战歌。读罢全篇，一个风起云涌的火热年代，一群崛起的劳苦工农大众和一位胸中自有百万雄兵的革命领袖的高大形象，巍然屹立在读者面前，成为永远催人奋进的强大力量。

词的开头两句“六月天兵征腐恶，万丈长缨要把鲲鹏缚”，如一声霹雳，惊天动地，表现了红军战士和工农群众消灭反动军阀的英雄气概。结尾两句“国际悲歌歌一曲，狂飙为我从天落”，写红军高唱《国际歌》进行战斗，进一步加强了全词的恢宏意境。毛泽东以大无畏的革命豪情，礼赞了中国工农群众掀起的革命大风暴，必将以排山倒海之势、雷霆万钧之力，涤荡旧社会一切污泥浊水，迎来一个光明新世界！

渔家傲·反第一次大"围剿"

一九三一年春

万木霜天红烂漫，天兵怒气冲霄汉。
雾满龙冈千嶂(zhàng)暗，
齐声唤，前头捉了张辉瓒(zàn)。

二十万军重入赣，风烟滚滚来天半。
唤起工农千百万，
同心干，不周山下红旗乱。

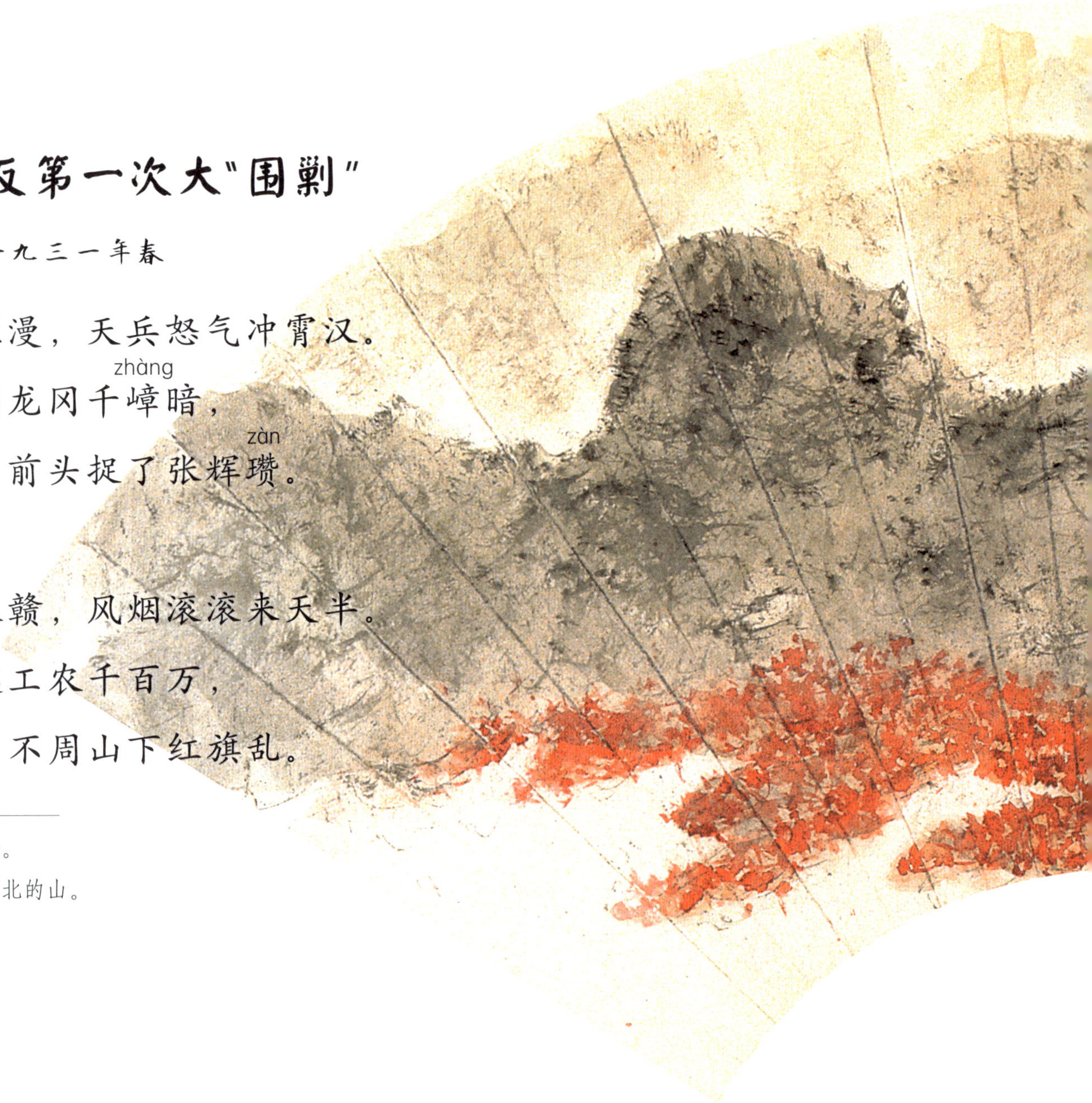

[千嶂]连绵起伏的山岭。

[不周山]传说在昆仑西北的山。

词说

蒋介石在他所策动的反革命内战中，曾经对中央革命根据地发动过五次“围剿”。1930年冬，他发动第一次“围剿”，纠集了十万兵力，进犯江西中央革命根据地。红军在12月30日乘雾对进入龙岗包围圈的张辉瓒第十八师发起总攻，激战至晚，把敌军全部歼灭，俘获张辉瓒及以下官兵1万人。接着又乘胜追击敌军另一主力谭道源第五十师，又歼灭其一半。两仗共歼敌1.3万余人，缴枪1万余支。余敌纷纷逃窜。

描写这样一次规模很大又很复杂的战役，上阕只用了31个字，却写得有声有色，活灵活现，展现了足以驱山断河的大手笔。下阕实际写第二次反“围剿”。“不周山下红旗乱”，用共工怒触不周山的典故，以千钧之力振起全篇，极大地拓展了全词意境。

全词气势奔腾，一泻千里，由一次具体战役揭示了整个革命的必然胜利！

渔家傲·反第二次大"围剿"

一九三一年夏

白云山头云欲立，白云山下呼声急，

枯木朽株齐努力。

枪林逼，飞将军自重霄入。

七百里驱十五日，赣水苍茫闽山碧，

横扫千军如卷席。

有人泣，为营步步嗟何及！

[白云山]在江西省吉安县东南，是第二次反“围剿”中毛泽东、朱德指挥红军初战告捷的地方。

[七百里驱十五日，赣水苍茫闽山碧]驱，快跑。当时红军从赣江富田地区展开作战，一直打到福建省建宁地区，东西约700里。

词说

这首词是对红军第二次反“围剿”的生动写照。当中央苏区军民万众一心、同仇敌忾、决意歼灭万恶的敌军之时，连白云山头的云也怒气冲天，愤然而立。白云山下的喊杀声一阵比一阵急，正义的战争使青山白云、枯木朽株都奋起努力。“枪林逼，飞将军自重霄入”，勇猛杀敌的红军，犹如神兵天降，以迅雷不及掩耳之势，冲下山来，打得敌人措手不及。

下阕，“七百里驱十五日，赣水苍茫闽山碧，横扫千军如卷席”，写出了第二次反“围剿”战役的时间和空间跨度，描绘了战地山河的壮丽景色，歌颂了红军远程突击、连续作战、所向披靡的英雄气概。结尾处毛泽东笔锋一转：“有人泣，为营步步嗟何及”，嘲笑和讽刺了反动军阀蒋介石的失败。

菩萨蛮·大柏地

一九三三年夏

赤橙黄绿青蓝紫，谁持彩练当空舞？
雨后复斜阳，关山阵阵苍。

当年鏖(áo)战急，弹洞前村壁。
装点此关山，今朝更好看。

[彩练]彩色的绸带，比喻虹。　[苍]深绿色。
[鏖战]艰苦、激烈的战斗。

词说

1933年夏天，毛泽东在主持中华苏维埃共和国临时中央政府期间，因搞调查研究、领导中央苏区的查田运动而重回大柏地。1929年2月，他在这里指挥了一场伏击战，全歼被围之敌，俘虏敌团长以下800余人，缴枪800余支。置身旧日战场，回忆四年半前那场鏖战，毛泽东写下了这首对革命战争的热情颂歌。

雨后傍晚，夕阳返照，举目远望，天上的彩虹好像仙人起舞，美不胜收。在夕阳映照下，绵延不断、层层叠叠、如千军万马战斗队形般的群山，郁郁苍苍。而看到附近村庄墙壁上残存的累累弹孔，自然而然地想到了当年战斗的激烈。大自然的雄伟壮丽和战争遗迹相得益彰，表达了毛泽东对美丽新世界的赞美和憧憬。

清平乐·会昌

一九三四年夏

东方欲晓，莫道君行早。
踏遍青山人未老，风景这边独好。

会昌城外高峰，颠连直接东溟(míng)。
战士指看南粤，更加郁郁葱葱。

［会昌］县名，在江西省东南部。
［君］指作者自己。
［这边］指中央革命根据地南线。
［颠连］山峰和山峰相连。
［东溟］东海。

词说

1933年9月，蒋介石调集百万兵力，采取堡垒主义的新战略，对中共中央革命根据地进行第五次“围剿”。1934年4月，广昌失守，中央苏区的北大门陡然洞开在敌人面前。红军第五次反“围剿”惨败。红色政权命运危在旦夕。此前毛泽东先后三次提出以红军主力突进到以浙江为中心的苏浙皖赣地区，以打破敌人“围剿”的正确建议，均被拒绝。但毛泽东却没有丧失革命必胜的信念。1934年7月下旬，毛泽东到会昌指导工作。23日凌晨，他带领粤赣省委同志登上会昌县城西北的岚山岭。往东极目远眺，绵延起伏的群山，一直连接着福建那边的东海；向南挥手指看，则是草木葱茏的南粤风光。于是，他写下了这首《清平乐·会昌》，并自注：“一九三四年，形势危急，准备长征，心情又是郁闷的。这一首《清平乐》，如前面那首《菩萨蛮》一样，表露了同一的心境。”但是我们读这首词，怎么都读不出毛泽东的郁闷心情，而是他永不言败的人生进取精神和豪放气质。

十六字令三首

一九三四年到一九三五年

其一

山，快马加鞭未下鞍。

惊回首，离天三尺三。

其二

山，倒海翻江卷巨澜（lán）。

奔腾急，万马战犹酣。

其三

山，刺破青天锷（è）未残。

天欲堕，赖以拄其间。

［十六字令三首］这三首词描写了长征途中形势险峻的群山。

［锷］剑锋。　［拄］支撑。

词说

*1934*年*10*月，第五次反“围剿”失败，中央红军被迫战略转移，开始长征，经历无数艰难险阻，翻山越岭，打破了数十万敌军的围追堵截，取得了一个又一个胜利。长征期间，是毛泽东诗词创作最丰收的时间。这三首小令，主要是从宏观上写对山的感悟、对山的赞美、对山的超越，为中国近现代诗词史留下了永远光辉的山的形象。第一首写山的高峻，第二首写山的绵延，第三首写山的陡峭，形象表达了“红军不怕远征难，万水千山只等闲”的革命精神。

忆秦娥·娄山关

一九三五年二月

西风烈，长空雁叫霜晨月。
霜晨月，马蹄声碎，喇叭声咽。

雄关漫道真如铁，而今迈步从头越。
从头越，苍山如海，残阳如血。

[娄山关]防守贵州北部重镇遵义的要冲。
[霜晨]有霜的早晨。
[漫道]不要说。

词说

红军长征途中，1935 年 1 月占领遵义，召开了具有伟大历史意义的遵义会议，确立了毛泽东在红军和党中央的领导地位。娄山关战役，是红军长征以来在毛泽东指导下取得的第一个辉煌胜利。这首词就是写娄山关战役。“雄关漫道真如铁，而今迈步从头越”，成为千古名句。关隘正多，征程正长，必须坚定必胜信念，迎接新的挑战。站在山头放眼望去，山峦起伏，像翻腾的大海一样，将落的太阳像血色一样红。娄山关战役之后，接下来“四渡赤水”，是毛泽东一生中的最得意之笔、最精彩篇章。

戊午夏

七律·长征

一九三五年十月

红军不怕远征难，万水千山只等闲。
五岭逶迤（wēi yí）腾细浪，乌蒙磅礴（páng bó）走泥丸。
金沙水拍云崖暖，大渡桥横铁索寒。
更喜岷山千里雪，三军过后尽开颜。

[逶迤]山脉延绵的样子。　[磅礴]山势雄伟的样子。

诗说

长征是中国革命战争史乃至人类战争史上史无前例的伟大奇迹。1934年10月间，中央红军主力从中央革命根据地出发，经过11个省，翻越18座大山，跨过24条大河，走过荒草地，翻过雪山，击溃了敌人多次围追和堵截，战胜了军事上、政治上和自然界的无数艰险，行军二万五千里，终于在1935年10月到达陕北革命根据地。长征是毛泽东革命生涯中最艰难的一段路程，也是显示他超人才华和战略气魄的大舞台。长征充分展现了毛泽东的挑战精神和超越情怀。

诗文一、二句概括了红军的革命英雄主义精神，也是毛泽东人格特点的生动写照。三、四句写山中行军，踏遍“千山”。“五岭逶迤”“乌蒙磅礴”极写山势之大，“腾细浪”“走泥丸”又极言其小，一大一小造成一种奇崛的艺术效果，写出人征服山的伟大精神力量。五、六句写对水的征服。第七句“更喜岷山千里雪”，集中体现了他对冰雪的热爱。最后一句展现全军走过万水千山的喜悦心情。

念奴娇·昆仑

一九三五年十月

横空出世，莽昆仑，阅尽人间春色。
飞起玉龙三百万，搅得周天寒彻。
夏日消溶，江河横溢，人或为鱼鳖。
千秋功罪，谁人曾与评说？

而今我谓昆仑：不要这高，不要这多雪。
安得倚天抽宝剑，把汝裁为三截？
一截遗欧，一截赠美，一截还东国。
太平世界，环球同此凉热。

[周天]整个天空。　　[或]有的。
[遗]赠予。

词说

这是毛泽东绘就的一幅改造世界的历史图卷。毛泽东青年时期，就立志“改造中国与世界”。这首词，是他在长征途中看到昆仑的大雪写的。作者自注：“昆仑，主题思想是反对帝国主义，不是别的。改一句，‘一截留中国’改为‘一截还东国’，忘记了日本人是不对的。这样英、美、日都涉及了。别的解释不合实际。”

这首词开篇势如排山倒海，雄健中又带有秀气。一个“莽”字，透出了昆仑山那郁郁苍苍、高与天接的雄伟形象。它像一个“横空出世”的巨人，“阅尽人间春色”，也给人民带来了灾害，但“千秋功罪，谁人曾与评说”？

毛泽东一生举重若轻，面对巍巍昆仑，更以无与伦比的气魄用断然的口吻说：“不要这高，不要这多雪。”他以雄奇的想象，以顶天立地的巨人气概，挥动比昆仑山还高还长的宝剑，把昆仑裁为三截，“一截遗欧，一截赠美，一截还东国”。最后以“太平世界，环球同此凉热”作结。这首词集雄浑的高山形象、伟大的革命理想、独特的艺术手法于一体，抒发了毛泽东改造中国与世界的伟大抱负。

清平乐·六盘山

一九三五年十月

天高云淡，望断南飞雁。
不到长城非好汉，屈指行程二万。

六盘山上高峰，红旗漫卷西风。
今日长缨在手，何时缚住苍龙？

[望断南飞雁]古人有鸿雁传书之说，本句蕴含毛泽东思念和关怀南方革命根据地红军的深情。

[长城]借指长征的目的地。

[苍龙]指以蒋介石为首的国民党反动派。

词说

六盘山是红军长征途中翻越的最后一座高山。1935年10月7日，毛泽东走下六盘山，对身边的人说，从江西算起，我们已经走过了十个省，下面就要进入第十一个省——陕西省了。那里是我们的根据地，就是我们的家了。

毛泽东自己特别喜欢这首词，留下手迹最多的就是这首词，有十二件。

刘勰在《文心雕龙》中说：“模山范水，诗人常事。”毛泽东一生几乎没有离开过山，他的诗词大部分写到山。毛泽东笔下的山，有的妖娆秀丽，有的磅礴悲壮，有的峥嵘奇峭，有的雄浑苍茫。这首词风格清新豪迈、感情激越奔放，以山为背景，表达红军北上抗日的决心和必将战胜敌人的乐观情怀。

沁园春·雪

一九三六年二月

北国风光，千里冰封，万里雪飘。
望长城内外，惟余莽莽；
大河上下，顿失滔滔。
山舞银蛇，原驰蜡象，欲与天公试比高。
须晴日，看红装素裹，分外妖娆。

江山如此多娇，引无数英雄竞折腰。
惜秦皇汉武，略输文采；
唐宗宋祖，稍逊风骚。
一代天骄，成吉思汗，只识弯弓射大雕。
俱往矣，数风流人物，还看今朝。

［惟余］只剩下。　［稍逊］稍差一等。
［俱］都。

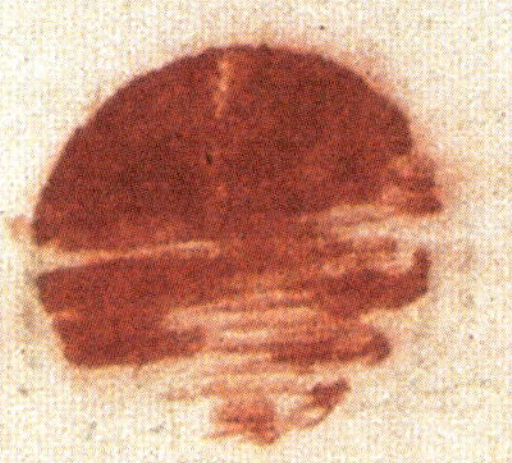

词说

这首词作于红军长征到达陕北后，1936年2月准备东渡黄河进入山西省西部的时候。

开头三句，总揽全局，极尽苍茫壮丽的景象。下面写了长城内外、黄河上下的景象，又写了雪后的山峦和高原，在读者面前展开了一幅气象雄浑、庄严雄伟的画卷。下阕从眼前的风光、祖国河山的壮丽，引出一个个英雄人物。不论是秦皇、汉武、唐宗、宋祖，还是成吉思汗，个个雄才武功，不可一世。但有的只凭武力征服天下，有的在文治方面却不够注意。接着作者笔锋一转，突出表现了革命新时代英雄人物的光荣历史任务与作用。

这首词写景，写严寒的冬天没有半点儿凄凉，而是充满蓬勃生机；论人丝毫不流于呆板。写景论人相互映衬，气魄极大，感人至深。

1945年8月28日，抗战胜利后，毛泽东从延安飞抵重庆，同国民党进行了43天的谈判。在这期间柳亚子先生赠诗给毛泽东，毛泽东书赠这首词作答，传诵一时。毛泽东通过这首词，就是要向人民宣传中国革命斗争胜利的光明前途，鼓舞人民增强胜利的信心。

七律·人民解放军占领南京

一九四九年四月

钟山风雨起苍黄，百万雄师过大江。
虎踞龙盘今胜昔，天翻地覆慨而慷。
宜将剩勇追穷寇，不可沽名学霸王。
天若有情天亦老，人间正道是沧桑。

[钟山]紫金山，代指南京。　　[苍黄]突然。
[穷寇]穷途末路的敌人。　　[沽名]有意让人赞扬。

诗说

1949年4月20日，国民党南京政府拒绝中国共产党提出的和平谈判协定，致使谈判破裂。4月21日，毛泽东主席和朱德总司令发出《向全国进军的命令》，号令全军坚决、彻底、干净、全部地歼灭中国境内一切敢于抵抗的国民党反动派，解放全中国。中国人民解放军百万大军即在东起江苏江阴、西至江西湖口的1000余里战线上强渡长江，并于4月23日占领国民党反动政府的首都南京。这是一个非常伟大的历史事件。毛泽东同志得到占领南京的捷报后心情振奋，写下了这首诗，对这个伟大事件给予了热情歌颂和崇高评价，并揭示了这一事件发生的必然历史原因，提出了南京解放后将革命进行到底的战略思想。中共中央军委将这首诗用电报拍发到前线，给全军指战员以巨大鼓舞。

这首诗是南京解放的光辉标志，也是歌颂人民解放战争的历史丰碑！

七律·和柳亚子先生

一九四九年四月二十九日

饮茶粤海未能忘，索句渝州叶正黄。
三十一年还旧国，落花时节读华章。
牢骚太盛防肠断，风物长宜放眼量。
莫道昆明池水浅，观鱼胜过富春江。

[粤海]指广州。　[渝州]指重庆。　[旧国]指北京。
[华章]指柳亚子的诗。　[长宜]长期应该。
[昆明池]北京西郊颐和园内的昆明湖。当时柳亚子住在颐和园内。

诗说

同毛泽东有过诗词唱和的主要是三个人：一是郭沫若，二是柳亚子，三是周世钊。柳亚子（1887—1958），江苏吴江人，早年参加旧民主主义革命，是清末文学团体“南社”发起人和主要诗人之一。旧民主主义革命失败后，他继续参加新民主主义革命，与宋庆龄、何香凝等同是著名的国民党左派。毛泽东同柳亚子此前曾有过两次交往，一次是1926年，当时毛泽东担任国民党中央代理宣传部部长，柳亚子任国民党中央监委。第二次是1945年重庆谈判，柳亚子向毛泽东索要诗稿，毛泽东手书《沁园春·雪》相赠，成为重庆谈判的一段佳话。毛泽东同志这首诗，感情饱满，语言畅达，先是铺叙，继以哲理，结构严谨而跌宕有致，意境高远，余韵绵绵，体现了他对柳亚子先生的深情厚谊和对广大知识分子的深切关怀。

浣溪沙·和柳亚子先生

一九五〇年十月

长夜难明赤县天，
xiān
百年魔怪舞翩跹，
人民五亿不团圆。

一唱雄鸡天下白，
tián
万方乐奏有于阗，
诗人兴会更无前。

[赤县]指中国。

[翩跹]形容舞姿轻快。此处指群魔乱舞。

[于阗]新疆维吾尔自治区县名，1959 年改为于田。借指新疆文工团所表演的音乐歌舞节目。

词说

1950年10月3日，中南海怀仁堂举行歌舞晚会。毛泽东参加晚会，心情激动。他兴致勃勃地对柳亚子说：“这样的盛况，亚子先生为什么不填词以志感呢？我来和。”柳亚子即席赋《浣溪沙》一首，呈毛泽东。第二天，毛泽东用原韵来奉和，写了这首词。这首词上阕只有21个字，却概括了一部中国近百年史。解放前百年间的中国，长夜漫漫，群魔乱舞，人民的苦难罄竹难书。下阕写人民解放，欢欣鼓舞。从高处着眼，从大处着手，曲尽其意，天然工致。上下两阕，一旧一新，一暗一明，写出了两个迥然不同的时代，表现了毛泽东巨大的历史概括力，是一曲歌颂民族大团结的颂歌。

浪淘沙·北戴河

一九五四年夏

大雨落幽燕，白浪滔天，
秦皇岛外打鱼船。
一片汪洋都不见，知向谁边？

往事越千年，魏武挥鞭，
东临碣石有遗篇。
萧瑟秋风今又是，换了人间。

[幽燕] 古幽州及燕国，泛指河北省。
[魏武] 魏武帝曹操。

词说

北戴河在河北省秦皇岛，靠着渤海，是避暑胜地。1954年夏，毛泽东来此，写了这首词。以小令写大题材，抒大襟怀，造大气象，是毛泽东填词的一大特色，这首词尤其具有代表性。上阕写海，波澜壮阔，汪洋恣肆，更聚焦于秦皇岛外打鱼船，饱含对人民的关怀；下阕怀古，写曹操东临碣石，横槊（shuò）赋诗，继而写到今天，赞美新时代。全词豪情万丈，光芒四射，将叙事与抒情、写景与象征、今与古有机结合，表现了毛泽东的卓越艺术才能和宏伟政治气魄。

水调歌头·游泳

一九五六年六月

才饮长沙水，又食武昌鱼。

万里长江横渡，极目楚天舒。

不管风吹浪打，胜似闲庭信步，今日得宽馀。

子在川上曰：逝者如斯夫！

风樯（qiáng）动，龟蛇静，起宏图。

一桥飞架南北，天堑（qiàn）变通途。

更立西江石壁，截断巫山云雨，高峡出平湖。

神女应无恙（yàng），当惊世界殊。

词说

毛泽东酷爱游泳，据统计，他一生曾18次横渡长江。1956年5月31日中午，毛泽东从武昌岸边长江大桥八号桥墩附近下水，时而仰泳，时而侧游，至汉口谌（chén）家矶江面登船，历时2小时，全程近14公里。6月3日下午，毛泽东再次畅游长江，为了考察建设中的武汉长江大桥，他提议从汉阳鹦鹉洲附近下水，穿过桥墩，游到武昌八大家江面上船，游了14公里。6月4日，他又一次游过长江，从汉阳游到武昌。在畅游长江期间，他既为浩瀚长江的宏伟气势所鼓舞，又为祖国日新月异的变化所激励，写了这首词。这是一篇现实主义与浪漫主义相结合的作品，充满积极浪漫的豪情。“不管风吹浪打，胜似闲庭信步”，既是他一生革命生涯的经验总结，也是他乐观坚定的人格意志的自然流露。词中“一桥飞架南北，天堑变通途”“高峡出平湖”的宏伟畅想，已经变成现实。词中用典，兼有神话传说故事，增添了全词的艺术魅力。

蝶恋花·答李淑一

一九五七年五月十一日

我失骄杨君失柳，杨柳轻飏(yáng)直上重霄九。
问讯吴刚何所有，吴刚捧出桂花酒。

寂寞嫦娥舒广袖，万里长空且为忠魂舞。
忽报人间曾伏虎，泪飞顿作倾盆雨。

[答李淑一] 这首词是毛泽东写给当时湖南长沙第十中学语文教员李淑一的。词中的“柳”指李淑一的丈夫柳直荀烈士（1898—1932），1932年9月在湖北洪湖革命根据地被害。

[飏] 飘扬。　[骄杨] 指毛泽东的夫人杨开慧。

词说

1957 年 1 月，《诗刊》创刊号发表毛泽东诗词 18 首。李淑一读后，把她在 1933 年写的悼念丈夫柳直荀的《菩萨蛮》寄给毛泽东。李淑一的信和词，激发了毛泽东的诗情。毛泽东写下了这首别具一格的悼亡词。这首词已经没有《贺新郎》的离愁别绪，更没有《虞美人》的缠绵悱恻，而是充满了上天入地的大境界，感天动地的大情怀。“杨柳”的忠魂获得了永生，来到了美丽的月宫，受到神仙们敬酒献舞的盛情接待；当革命胜利的消息传到天上，烈士热泪滚滚，化作倾盆大雨，洒向人间。

毛泽东诗词偏于豪放，不废婉约，而这首更融豪放和婉约于一体。章士钊先生曾当面请教毛泽东，怎样理解“骄杨”？毛泽东豪迈地回答说：“女子革命而丧其元（头），焉得不骄？”

七律二首·送瘟神

一九五八年七月一日

其一

绿水青山枉自多，华佗无奈小虫何！
千村薜(bì)荔人遗矢，万户萧疏鬼唱歌。
坐地日行八万里，巡天遥看一千河。
牛郎欲问瘟神事，一样悲欢逐逝波。

[薜荔]泛指野草。

[遗矢]腹泻。

[萧疏]稀稀落落。

诗说

1955 年冬，毛泽东主席发出“一定要消灭血吸虫病”的伟大号召。1958 年 6 月 30 日，《人民日报》用头版头条刊登了江西省余江县根本消除血吸虫病的长篇通讯。此时毛泽东正在景色秀丽的杭州视察，看了这篇通讯，高兴得彻夜未眠，第二天早晨写下了两首著名的诗篇。

七律二首·送瘟神

一九五八年七月一日

其二

春风杨柳万千条，六亿神州尽舜尧。
红雨随心翻作浪，青山着意化为桥。
天连五岭银锄落，地动三河铁臂摇。
借问瘟君欲何往，纸船明烛照天烧。

[五岭]泛指山区。　[三河]泛指河流。

诗说

前面一首通过对广大农村萧条景色的描写，表达了毛泽东对消灭危害人民健康的血吸虫病的巨大关切。这一首写消灭血吸虫病，赞颂人民群众建设社会主义的巨大积极性和改天换地的伟大力量。贯穿这两首诗的灵魂，是毛泽东高尚的人民情怀，时刻把人民放在心中最高位置，想人民之所想，急人民之所急，忧人民之所忧，乐人民之所乐。这两首诗的突出特色是想象丰富，对比鲜明，把科学精神和艺术想象融为一体，实现了革命现实主义和革命浪漫主义的完美结合。

七律·到韶山

一九五九年六月

别梦依稀咒逝川，故园三十二年前。
红旗卷起农奴戟(jǐ)，黑手高悬霸主鞭。
为有牺牲多壮志，敢教日月换新天。
喜看稻菽(shū)千重浪，遍地英雄下夕烟。

[韶山]在湖南省湘潭县，是毛泽东的故乡。
[逝川]流逝的岁月。　[黑手]指反动势力。　[为]因为。
[菽]豆类的总称。　[夕烟]傍晚的云雾。

诗说

1959年6月25日，毛泽东回到韶山，距离1927年他到韶山考察湖南五县农民运动写出《湖南农民运动考察报告》已经过去32年了。毛泽东到韶山后，即与当地干部谈粮食、水利等情况，批阅文件至深夜。第二天一大早就去墓地拜祭父母，访问邻里、故居，视察韶山学校；下午访毛氏宗祠，到韶山水库游泳；晚上自费设便宴请亲戚、烈属、老地下党员、老农协会员与老赤卫队员50余人叙旧言欢。客人散去，几近夜深，毛泽东挥笔写下了这首诗。

“为有牺牲多壮志，敢教日月换新天。”中国革命胜利，是无数先烈流血牺牲换来的。在漫长的革命斗争中，仅韶山地区就有144位烈士，包括毛泽东的6位亲人：杨开慧、毛泽覃、毛泽建、毛泽民、毛岸英、毛楚雄。这首诗是毛泽东对魂牵梦绕的故乡的深情礼赞，是对艰苦卓绝的中国革命斗争的浩然高歌，也是对祖国山河巨变、人民创造幸福生活的热烈歌颂。

七律·登庐山

一九五九年七月一日

一山飞峙大江边，跃上葱茏四百旋。
冷眼向洋看世界，热风吹雨洒江天。
云横九派浮黄鹤，浪下三吴起白烟。
陶令不知何处去，桃花源里可耕田？

[峙]耸立。

[四百旋]指庐山登山公路，全长 35 公里，盘旋近 400 转。

[三吴]泛指长江下游江浙一带。

[陶令]指陶渊明。据记载，他曾登过庐山。辞官后归耕之地，离庐山不远。

诗说

1959年6月毛泽东离开韶山后，从九江下船上了庐山。登上庐山，正是红日东升之时，毛泽东站在高处，极目远眺，生机勃勃的大好河山激发了他的诗情和豪气，挥笔写下了这首《七律·登庐山》，可见他诗兴之高昂，由故乡而全国，由中国而世界。

这不是一般的登山吟咏之作。“一山飞峙大江边”，大笔如椽（chuán），突兀而起。“跃上葱茏四百旋”，山路回转，山色佳美。毛泽东居高望远，用明澈、严峻、洞达入微的目光，看世界风云之变幻。北望武汉三镇，天上云横，黄鹤高浮；举目东向，浪下三吴，烟雾腾腾。伟大祖国的形势多么壮丽，社会主义建设的气象何其雄伟！身在庐山，毛泽东联想到了1000多年前，著名的理想国创造者陶渊明和他的桃花源，融古于今，歌颂了创建人类幸福生活的伟大梦想。

七绝·为女民兵题照

一九六一年二月

飒爽英姿五尺枪，曙光初照演兵场。
中华儿女多奇志，不爱红装爱武装。

诗说

在毛泽东人民战争思想中，民兵制度占有重要地位。长期的革命斗争中，我党逐步形成了野战军、地方军、民兵三结合的人民武装力量体制。毛泽东这首诗，主要是赞美女民兵的革命风采，以诗心激励民心，赋予女民兵英武骁勇的形象、光辉灿烂的背景、远大奇崛的志趣，抒写了中华民族的雄风豪情。

七律·答友人

一九六一年

九嶷(yí)山上白云飞，帝子乘风下翠微。
斑竹一枝千滴泪，红霞万朵百重衣。
洞庭波涌连天雪，长岛人歌动地诗。
我欲因之梦寥廓，芙蓉国里尽朝晖。

[答友人]友人即周世钊（1897—1976），是毛泽东在湖南省立第一师范学校的同学。

[九嶷山]山名，在湖南。　[帝子]尧的女儿娥皇、女英。

[长岛]指长沙。　[因]凭借。　[芙蓉国]指湖南省。

诗说

在毛泽东诗词中，属于典型的婉约诗词有《虞美人·枕上》《蝶恋花·答李淑一》《七律·答友人》等。这首《七律·答友人》是婉约诗风比较突出的一首。

毛泽东在1975年读王粲《登楼赋》时，曾道出了他写这首诗的心灵奥秘，他说，人对自己的童年、自己的故乡、过去的朋侣，感情总是很深的，很难忘记，到老年就更容易回忆、怀念这些。自己写《七律·答友人》，“斑竹一枝千滴泪，红霞万朵百重衣”，就是怀念杨开慧的。这首苍凉优美的诗，蕴含着毛泽东对故土家园一往情深的怀念，包含着他对亡妻的追思。

七绝·为李进同志题所摄庐山仙人洞照

一九六一年九月九日

暮色苍茫看劲松，
乱云飞渡仍从容。
天生一个仙人洞，
无限风光在险峰。

诗说

这是一首题照诗。照片中拍摄的仙人洞，表现的是陡峭的险峰、挺拔的苍松和飞渡的乱云。在毛泽东的笔下，暮色苍茫中松树苍劲挺拔，迷茫的天际乱云飞卷，天造地设的仙人洞旁，无限的风光装点在高高的险峰上。全诗寓情于景，寓理于景，歌颂了坚强从容、坚韧不拔的革命精神。

七律·和郭沫若同志

一九六一年十一月十七日

一从大地起风雷，便有精生白骨堆。
僧是愚氓(méng)犹可训，妖为鬼蜮(yù)必成灾。
金猴奋起千钧棒，玉宇澄清万里埃。
今日欢呼孙大圣，只缘妖雾又重来。

[愚氓] 指受迷惑的糊涂人。

[鬼蜮] 即鬼怪，比喻阴险作恶的人。

[玉宇] 指天空。

诗说

1961 年 *10* 月 *18* 日，浙江省绍兴剧团在北京演出《孙悟空三打白骨精》。郭沫若看了戏，写了《七律·看〈孙悟空三打白骨精〉》，并呈毛主席。毛泽东针对郭沫若原诗中混淆两类不同性质矛盾的错误，于 *11* 月 *17* 日写了这首和诗。

全诗利用神话故事，采取借喻手法，形象隐喻现实，雅俗共赏，深入浅出，情理交融，是毛泽东晚年诗词一大特色。

卜算子·咏梅

一九六一年十二月

风雨送春归，飞雪迎春到。
已是悬崖百丈冰，犹有花枝俏。

俏也不争春，只把春来报。
待到山花烂漫时，她在丛中笑。

词说

毛泽东一生喜爱雪，喜爱梅花。1961年12月，在扩大的中共中央工作会议前夕，他潜心研读了林逋、陆游、高启等名家的咏梅诗词，以传神之笔，写了这首词。

这首咏梅词，出新意于法度之中，寓妙理于豪放之外，达到了形神兼备的境界，写尽了梅花傲岸挺拔、风骨铮铮的精神气质，传达出梅花胸襟博大、超凡脱俗的风采。

七律·冬云

一九六二年十二月二十六日

雪压冬云白絮飞，万花纷谢一时稀。
高天滚滚寒流急，大地微微暖气吹。
独有英雄驱虎豹，更无豪杰怕熊罴（pí）。
梅花欢喜漫天雪，冻死苍蝇未足奇。

[虎豹、熊罴] 野兽，指一切反动派。

诗说

1962年12月26日是毛泽东69岁生日。他创作《七律·冬云》，借景抒情，托物言志，充分显示了其作为中国共产党和中国人民伟大领袖，在困难和压力面前砥柱中流、力挽狂澜的必胜信念和坚定信心，以充满激情而又闪耀着深刻哲理的光辉诗篇，为中国人民和全世界人民奏响了一曲高亢的时代乐章。

满江红·和郭沫若同志

一九六三年一月九日

小小寰球，有几个苍蝇碰壁。
嗡嗡叫，几声凄厉，几声抽泣。
蚂蚁缘槐夸大国，蚍蜉（pí fú）撼树谈何易。
正西风落叶下长安，飞鸣镝（dí）。

多少事，从来急；天地转，光阴迫。
一万年太久，只争朝夕。
四海翻腾云水怒，五洲震荡风雷激。
要扫除一切害人虫，全无敌。

[蚍蜉撼树]蚍蜉，大蚂蚁。撼，摇动。

[西风]秋风。

[鸣镝]古时一种射出去能发声音的箭。这里借喻革命力量的声讨。

词说

1963年1月9日，毛泽东同志正在杭州。他从《光明日报》上看到郭沫若填《满江红》词后，心潮激荡，乘兴和了这首宏伟辞章，送给周恩来。这首词距《七律·冬云》写作不过14天。《冬云》是就中国一国形势看的，这首词则是从全世界形势看的。全词布局严谨，章法完美。上阕写敌人穷途末路的困境，下阕颂扬世界革命风云之壮观，堪称气吞八荒、光耀千古之绝唱。

七律·吊罗荣桓同志

一九六三年十二月

记得当年草上飞，红军队里每相违。
长征不是难堪日，战锦方为大问题。
斥鷃(yàn)每闻欺大鸟，昆鸡长笑老鹰非。
君今不幸离人世，国有疑难可问谁？

［罗荣桓］(1902—1963) 湖南衡山人。

［违］分别。

［斥鷃］蓬间雀，在蓬蒿中飞起来不过几尺高。

［昆鸡］一种大鸡。

诗说

1963年12月16日，罗荣桓元帅积劳成疾，不幸逝世。消息传到中央政治局常委会议上，毛泽东心情非常沉重，中断了会议，领头起立默哀。他说：“一个人几十年如一日不容易，原则性强，对党忠诚。”毛泽东一向敬重对党和人民无限忠诚的罗荣桓，这首诗就是在悲痛中写成的。全诗充满亦哭亦诉的追忆和从心底涌出的怀念、赞誉和痛惜的深情。

贺新郎·读史

一九六四年春

人猿相揖别。
只几个石头磨过，小儿时节。
铜铁炉中翻火焰，为问何时猜得，
不过几千寒热。
人世难逢开口笑，上疆场彼此弯弓月。
流遍了，郊原血。

一篇读罢头飞雪，
但记得斑斑点点，几行陈迹。
五帝三皇神圣事，骗了无涯过客。
有多少风流人物？
盗跖(zhí)庄蹻(jué)流誉后，更陈王奋起挥黄钺(yuè)。
歌未竟，东方白。

[寒热]指一年。　[一篇]代指人类社会发展史。

[盗跖庄蹻流誉后，更陈王奋起挥黄钺]跖，春秋时人，被古代统治阶级污蔑为“盗”。庄蹻，战国时人。陈王，即陈胜，秦末农民起义领袖。这两句概括了中国几千年劳动人民的反剥削斗争。

词说

毛泽东的《贺新郎·读史》，是他诗词创作中别具一格的作品，是他一生读史的立场、观点，以及所思、所想的一个缩影。这是一首以政治家的气魄、诗词家的才华、历史学家的渊博、理论家的思辨发出的历史浩歌。全词高屋建瓴，风骨强健，气盖古今，寓理论思维于生动鲜明的艺术形象之中，高度概括了人类社会发展进程，批判了封建剥削制度，歌颂了农民起义领袖，揭示了不以人的主观意志为转移的历史发展规律。古往今来，咏史佳作如林，但像毛泽东这样，以一首词概括整个人类史，这样的格局和气魄，绝无仅有。

水调歌头·重上井冈山

一九六五年五月

久有凌云志，重上井冈山。
千里来寻故地，旧貌变新颜。
到处莺歌燕舞，更有潺（chán）潺流水，高路入云端。
过了黄洋界，险处不须看。

风雷动，旌旗奋，是人寰。
三十八年过去，弹指一挥间。
可上九天揽月，可下五洋捉鳖，谈笑凯歌还。
世上无难事，只要肯登攀。

［高路］环山公路。　［风雷］比喻无产阶级革命运动。
［人寰］人间。　［捉鳖］喻擒拿敌人。

词说

1965 年 5 月 22 日，毛泽东从长沙出发，坐汽车到井冈山。他于 1927 年 10 月，率秋收起义部队在井冈山创建了第一个农村革命根据地，到这年已过 38 载。车到黄洋界，他快步走向山顶，神色凝重地伫立远望，深情地对身边工作人员说：“这就是黄洋界！”然后让人去查看当年修的工事掩体还在不在。当晚到了茨坪。茨坪位于井冈山中心，四面环山，有条溪流穿过，有公路通向大小五井。毛泽东在这里住了 7 个晚上，抚今追昔，感慨万千，并写下了这首词，回顾井冈山革命斗争的历史，抒写了共产党人和革命人民“可上九天揽月，可下五洋捉鳖”的英雄气概和“世上无难事，只要肯登攀”的凌云壮志。

念奴娇·鸟儿问答

一九六五年秋

鲲鹏展翅，九万里，翻动扶摇羊角。
背负青天朝下看，都是人间城郭。
炮火连天，弹痕遍地，吓倒蓬间雀。
怎么得了，哎呀我要飞跃。

借问君去何方，雀儿答道：有仙山琼阁。
不见前年秋月朗，订了三家条约。
还有吃的，土豆烧熟了，再加牛肉。
不须放屁，试看天地翻覆。

[扶摇羊角]指旋风。

[订了三家条约]1963年8月5日，苏、美、英三国在莫斯科签订了《禁止在大气层、外层空间和水下进行核武器试验条约》。

[土豆烧熟了，再加牛肉]1964年4月，苏联领导人赫鲁晓夫曾在一次演说中说“福利共产主义”是“一盘土豆烧牛肉的好菜”。

词说

这首词形象表明了毛泽东在战争与和平问题上的原则立场。通篇借用庄子《逍遥游》中鲲鹏和斥鷃的寓言故事，将斥鷃改为蓬间雀，在鲲鹏和蓬间雀的一问一答里，寓哲理于形象之中，寓巨大于细小之中，寓庄重于诙谐之中，生动反映了毛泽东的战争观和对世界局势的判断。

◎ 作者简介

李洪峰，研究员，博士生导师。中共上海市委党校党的建设研究院院长，全国党的建设研究会特约研究员。曾任中央政策研究室党建研究局局长，中共西安市委副书记，中央纪委驻新华社纪检组组长、新华社党组成员，十七届中央纪委委员，中央纪委驻文化部纪检组组长、文化部党组成员，国家清史纂修领导小组副组长。

主要著作有：《读一点清史》《论现代领导之道》《论思想建党与理论武装》《大国崛起的文化准备》《周恩来永远的榜样》《历史为什么选择了毛泽东》《战略家邓小平》《陈云风范》《伟大是怎样练成的》《历史学读书笔记》《政治学读书笔记》《文化学读书笔记》《中国共产党章程集注》（三卷本）、《中国廉政史鉴》（十六卷本）等多部。

◎ 本书所用插图均为傅抱石先生作品。

◎ 特别鸣谢傅抱石之女傅益瑶，感谢她为本书的出版提供了无私的帮助和支持！

图书在版编目（CIP）数据

恰同学少年：陪孩子读毛泽东诗词 / 李洪峰编著 . -- 北京：中国少年儿童出版社，2022.5（2025.4重印）
ISBN 978-7-5148-7402-0

Ⅰ . ①恰⋯ Ⅱ . ①李 Ⅲ . ①毛泽东诗词 – 鉴赏 – 少年读物 Ⅳ . ① A841.4–49

中国版本图书馆 CIP 数据核字（2022）第 052864 号

QIA TONGXUE SHAONIAN
（陪孩子读毛泽东诗词）

出版发行： 中国少年儿童新闻出版总社 中国少年兒童出版社
执行出版人： 马兴民
责任出版人： 缪 惟

策　　划： 缪 惟 唐威丽　**编　　著：** 李洪峰
责任编辑： 唐威丽　**责任校对：** 夏明媛
装帧设计： 邹维娜　**责任印务：** 厉 静
社　　址： 北京市朝阳区建国门外大街丙 12 号
邮政编码： 100022
总 编 室： 010-57526070
发 行 部： 010-57526568
编 辑 部： 010-57526320
网　　址： www. ccppg. cn
电子邮箱： cbzlts@ccppg. com. cn
印刷： 北京利丰雅高长城印刷有限公司
开本： 787mm × 1092mm 1/12
字数： 60 千字　**印张：** 8
版次： 2022 年 5 月第 1 版
印次： 2025 年 4 月第 3 次印刷
ISBN 978-7-5148-7402-0
印数： 10001-13000 册　**定价：** 98.00 元